Hellsichtige Infos vom Weltenende
So wird die Menschheit untergehen

Herold zu Moschdehner

Hellsichtige Infos vom Weltenende
So wird die Menschheit untergehen

Bibliografische Information durch
Die Deutsche Bibliothek:
Die Deutsche Bibliothek verzeichnet diese Publikation in der Deutschen Nationalbibliografie; detaillierte bibliografische Daten sind im Internet über http://dnb.ddb.de abrufbar.

ISBN 9783741267352

Copyright (2016)
Herstellung und Verlag: BoD - Books on Demand, Norderstedt
Alle Rechte beim Autor.

7,99 Euro

Herold zu Moschdehner ist aufgewachsen in dem kleinen mecklenburgischen Dörfchen Bobitz. Hier lebte er lange Jahre ein einfaches Leben und war stets ein wissbegieriger und fröhlicher junger Mensch.
Er ging zur Schule, absolvierte eine Lehre als Geflügelzüchter und machte sich dann zu seinem vierzehnten Jahr auf, auf Wanderschaft.
Mitten in diesem Aufbruch verstarb seine geliebte Großmutter und erschien ihm in der Todesnacht im Traum. Seit diesem Tage passierte es immer wieder.
Heute sieht Herold zu Moschdehner seine Großmutter immer wieder in der Realität. Sie materialisiert sich und spricht zu ihm. Stets sind es Warnhinweise, Prophezeiungen und Zukunftsbeschreibungen.
Herold zu Moschdehner hat diese Visionen und Erscheinungen nun festgehalten. Ungeschönt, echt und so, wie er es von seiner Großmutter vernommen hat.
Dieses Buch spekuliert nicht über Gründe, Wahrheit oder Sinn nach.
Herold zu Moschdehner hat seiner Oma versprochen dieses Buch zu veröffentlichen und die richtigen Menschen werden und sollen die Botschaften erkennen und deuten können.

"Um vielleicht alles aufzuhalten, umzukehren und weniger schlimm zu halten".
Großmutter Moschdehner 2012 zu ihrem Enkel.

"Jegliche Reaktion endet in der Entscheidung für eine Richtung vor einer Weggabelung. Meine Entscheidungen waren nicht besser als die Entscheidungen anderer Menschen. Dümmer auch nicht. Dummheit nimmt in Zukunft zu. Richtige Reaktionen!"

"Der Stuhl auf dem Du sitzt, gehört dem der Dich am Leben lässt."

"Brennende Busse erscheinen aus dem Nebel. Flackernd grinsen Feuer und greifen nach Dir, obwohl sie Dich nicht sehen. Du versuchst zu schreien, aber bist schon tot."

"Da steigt jemand über Dich, der eigentlich unter Dir war. Er trägt eine Kennzeichnung unter der Haut. "

"Du bist wahllos, entscheidungslos und erkennst es erst, wenn Du lebenslos bist".

"Auch Du wirst sterben lieber Herold. Dein Name, unser Name wird getilgt werden bis zur großen Muttertierseuche. Nur die Delphine. Herold, nur die Delphine!"

"Länder werden fallen und aus dem Meere auferstehen. Menschen werden vergehen und aus dem Himmel wieder hier gepflanzt"

"Trink das Wasser nicht. Filtere es durch Tiere und trinke Milch. Organische Filterung. Iß das Fleisch nicht."

"Ein Nagel hilft Dir mehr als ein Hammer. Ein Stein mehr als ein Fels."

"Herold, schreib ein Buch. Schreib auf, was ich Dir sage. Die Menschen müssen gewarnt sein. Vielleicht hält es den Lauf auf, oder die Zukunft ändert sich. Schreib ein Buch Herold!"

"Geht an die Strände, weg vom Landesinneren. Stellt Zelte auf und wartet auf die Wellen."

"Angst tropft von Deiner Stirn. Endlose Angst in einem Rinnsal, den Deine Füße wieder einsaugen. Ein Kreislauf, den keiner unterbrechen kann. Man müsste Dich in zwei Stücke reißen."

"Es tut mir leid, ich habe Migräne."

"Vom Himmel hoch da kommt ein Bär, freue Dich doch so sehr, mehr noch als wär es Regen aus Teer."

"Trunken von Hass wirst Du nie Frieden finden. Geh nicht über Deine eigenen Grenzen. Besinne Dich darauf, wieso Du geboren wurdest."

"Scharfsinniges Bubengesicht, sieh mich nicht an und lass Deinen Blick nie unter die meinen sein. Ich verachte Dich bis tief in die Herkunft Deiner Ahnen. Jeden Einzelnen will ich in Stücke beißen und Blut trinken bis es mich selbst in Stücke reißt."

"Hast Du was Schlechtes gegessen, so kotze aus. Musst Du kotzen? Kotze!"

"Frühlingszwiebeln schmecken am besten im Winter."

"Danke lieber Gott, dass ich meine Botschaften an die Lebenden mitteln kann. Dafür spendiere ich Dir alle Folgsamkeit meines Herolds. Schreib das Buch!"

"Thomas bekommt einen Nabelbruch. Sandra hat krumme Füße und schlechten Atem."

"Entschuldige Dich nie bei Menschen, die, die gleiche Hautfarbe haben."

"Immer wenn Du denkst, es geht nicht mehr kommt irgendwo ein Dickschwein her. Schlachte es, nimm die Eingeweide und trage es als EinMannZelt."

"Liebeskummer stillt sich am besten, nach dem Tod der Person, die man liebt."

"Katastrophen kommen, die Menschen gehen."

"2045 seid Ihr alle tot"